DISCOURS

SUR

L'ALLIANCE DE LA FRANCE AVEC LES SUISSES ET LES GRISONS,

Prononcé à l'Assemblée des Amis de la Constitution,

PAR M. DE PEYSSONNEL.

Le 3 Mai 1790.

A PARIS,

Chez BAUDOUIN, Imprimeur de l'ASSEMBLÉE NATIONALE, rue du Foin-Saint-Jacques, N°. 31.

1790.

DISCOURS

SUR

L'ALLIANCE DE LA FRANCE

AVEC LES SUISSES ET LES GRISONS,

Prononcé à l'Assemblée des Amis de la Constitution.

MESSIEURS,

Les événemens sinistres qui se succèdent avec rapidité, les trames sourdes, les complots obscurs qui nous environnent; la nécessité impérieuse qui appelle à grands cris vos Décrets sur l'ordre militaire & l'organisation de l'Armée, dont les troupes Helvétiques sont une importante portion;

L'Adresse que les Patriotes Grisons viennent de présenter à l'Assemblée Nationale, l'accueil qu'ils y ont reçu; l'attachement qu'ils professent envers la Nation ; leurs réclamations, leurs vœux, leurs eſpérances ſont les motifs qui me déterminent à mettre ſous vos yeux pluſieurs obſervations relatives à notre alliance avec le Corps Helvétique, & les Ligues Griſes, qui les premières ont porté à l'Aſſemblée l'hommage de leur admiration & de leur reſpect, & ſe ſont montrées jalouſes de reſſerrer les liens de cette confraternité ſainte, par laquelle tous les Peuples libres doivent être unis.

Au commencement du quatorzième ſiècle, Meſſieurs, dans ces temps d'ignorance & de barbarie où l'Europe entière gémiſſoit ſous la verge de fer du deſpotiſme, & le régime odieux de la féodalité; la Nation Helvétique opprimée par la Maiſon d'Autriche qui venoit de naître, & qui, dès ſon berceau, s'étoit déjà montrée féconde en tyrans, la Nation Helvétique a ſu donner à l'Europe enchaînée le premier exemple de l'indépendance ; a ſu la première enſeigner à l'Europe l'art de punir l'inſolence des deſpotes, de briſer les fers de la domination arbitraire; a ſu enfin ſe conſerver juſqu'à nos jours libre & heureuſe, au milieu de tant de Peuples eſclaves & infortunés, dont elle étoit environnée. La Liberté! cette fille aimable de la Tyrannie la plus exécrable de toutes les mè- tes, la Liberté élevoit jusqu'au sommet des Alpes son front serein & radieux, fécondoit, par son souffle pur & bienfaisant, les rocs arides & escarpés de la Suisse, tandis que le Despotisme, par son hideux aspect, effrayoit tout le reste de l'Europe, & desséchoit par son souffle infecté & empoisonné, les plaines riantes & fertiles des autres contrées du Continent.

Les Suisses, ces Peuples guerriers & magnanimes, ont été quelquefois nos ennemis; ils ont toujours, en combattant contre nous, conservé également leur gloire dans leurs victoires & dans leurs défaites; ils ont fini par devenir nos plus intimes & nos plus fidèles alliés. Accablés par le nombre supérieur des François commandés par Louis XI, alors Dauphin, à la journée de S.-Jacques, & presque tous tués sur le champ de bataille; conquérans malgré les efforts de Louis XII, de la Walteline, des Comtés de Chiavenne & de Bomio, que la Ligue Grise possède encore, & de plusieurs autres Bailliages; vainqueurs des François à Novare; vaincus par François I. à Marignan, après lui avoir disputé la victoire avec la plus grande opiniâtreté; on voit que s'ils n'ont pas toujours triomphé, ils ont au moins toujours vendu cher à leurs ennemis les lauriers qu'ils n'ont pu cueillir eux-mêmes.

Charles VII forcé d'accorder son estime à la valeur que les Suisses avoient montrée à la bataille de Saint-Jacques, fut le premier de nos Rois qui conclut, en 1753, un traité d'alliance avec les Cantons alors confédérés; ce traité fut confirmé par son fils Louis XI. Après la défaite & la mort de Charles-le-Téméraire, Duc de Bourgogne, contre lequel il avoit suscité ces redoutables ennemis, François I. signa enfin avec eux, en 1516, une paix perpétuelle qui n'a plus été rompue depuis cette époque. Par le traité de 1521, ce Prince cimenta même encore avec les Cantons, des liaisons plus étroites. Le traité d'alliance de François I. fut successivement renouvelé par les Rois Charles IX, Henri III & Henri IV; & lorsque la Ligue voulut exclure ce Prince du Trône de France, les troupes des Cantons Protestans, & celles des Cantons Catholiques, divisées entre les deux partis qui agitoient alors le Royaume, se rallièrent toutes sous ses drapeaux, & ce fut à leur réunion qu'il fut principalement redevable de la victoire. Louis XIV fit, en 1663, un nouveau traité d'alliance avec les Suisses, dans lequel il comprit tous les treize Cantons & les associés de la Ligue Helvétique. Louis XVI l'a renouvelé en 1777.

Le principal objet de nos traités avec le Corps Helvétique, a toujours été d'obtenir de lui des secours de troupes & des passages, & d'empêcher qu'ils ne fussent accordés à nos ennemis. Ces services furent souvent achetés très cher, & par de grands sacrifices. Dès les temps de Louis XI, de Charles VIII, & de Louis XII, les Suisses mettoient déjà un très-haut prix à leurs faveurs ; ils savoient se prévaloir de la facilité qu'ils avoient d'entrer dans la Lombardie, de décider du sort du Milanois, & de mettre obstacle à nos conquêtes. Nos Rois étoient forcés de se concilier leur bienveillance par des dons, des pensions, des capitulations avantageuses pour les troupes qu'ils tenoient à leur solde, des priviléges de commerce, & une foule de conventions particulières, qui sont autant de traités & d'instrumens du droit public entre les deux Nations, & qui se trouvent rappelés dans les traités d'alliance. Notre Gouvernement, de son côté, fit aussi plus d'une fois aux Suisses des promesses illusoires qu'il n'avoit nullement envie de réaliser ; la finesse, les petites ruses ministérielles employées pour se soustraire à leur exécution, donnoient de l'humeur à des Peuples dont la franchise & la simplicité sont le principal caractère ; il fallut plus d'une fois dépenser infiniment plus pour étouffer leurs murmures, appaiser leurs plaintes, calmer leur ressentiment, qu'on n'auroit dépensé pour les satisfaire. Plus d'une fois enfin on a dû reconnoître, en traitant avec eux, que la ruse coûte souvent bien plus cher que la bonne foi.

Les intérêts de la France avec la Confédération Helvétique, Messieurs, doivent être envisagés sous le triple rapport politique, militaire & commercial.

La saine politique exige que les deux Etats soient fidèles à la paix perpétuelle qu'ils ont jurée en 1516, & dont le serment a été tant de fois renouvelé, qu'ils maintiennent sans cesse entre eux la plus étroite liaison & la plus parfaite intelligence, & qu'ils évitent soigneusement de part & d'autre tout ce qui pourroit faire naître la méfiance & le refroidissement.

La Suisse fortifiée par la chaîne des Alpes qui la séparent de la France, n'a rien à craindre de cet Empire, sur-tout dans le nouvel ordre de choses, les bases pures, les principes sacrés ſur leſquels porte aujourd'hui la Conſtitution Françoiſe, ſont pour la Confédération Helvétique des barrières plus inexpugnables que les rochers inacceſſibles que la nature a données pour remparts à ſes poſſeſſions. Elle doit regarder la France comme une puiſſante & fidèle Alliée, dont tout l'engage à cultiver la bienveillance, & de laquelle elle doit attendre une protection conſtante & inaltérable de ſon indépendance & de ſa ſouveraineté que cette Puiſſance a forcé toute l'Europe de reconnoître par le traité de Weſtphalie.

La France de ſon côté doit voir dans la Suiſſe une voiſine paiſible dont elle n'a rien à redouter, une fidele Alliée de laquelle elle tire des ſecours de Troupes qui épargent les Milices Nationales, dont l'alliance défenſive garantit de toute attaque ſes frontières depuis l'Alſace juſqu'au Dauphiné, & qui pourroit au beſoin lever une armée pour défendre les paſſages par leſquels les ennemis de cet Empire voudroient tenter d'entamer ſes poſſeſſions. L'évidence des intérêts du Corps Helvétique offre à la France la garantie la plus sûre de ſa fidélité : aucune alliance ne peut lui être plus utile que la ſienne ; l'Eſpagne & la

Hollande sont trop éloignées de lui pour qu'il puisse en espérer des secours, & il n'a avec ces deux Puissances d'autre rapport que celui du soudoiement de ses troupes, qui est la branche la plus importante de son commerce. Quoiqu'il ait un grand nombre de Régimens à la solde du Roi de Sardaigne, il n'est pas bien rassuré sur ces dispositions; les vues de ce Prince sur l'Etat de Genève, à la conquête duquel la maison de Savoye ne renoncera jamais, ne sont pas de nature à lui inspirer une parfaite sécurité. Ses rapports avec la cour de Naples & quelques autres petits Etats d'Italie, ne sont pas assez intéressans pour donner à la France le soupçon d'une concurrence & d'une rivalité que ses Ambassadeurs en Suisse ont toujours affecté de craindre, dans la vue de rendre leur mission plus importante & de pouvoir remplir leurs dépêches des détails auxquels ils donnent l'apparence & la couleur d'un grand intérêt. La France doit bien moins appréhender encore que la Suisse s'allie jamais avec l'Autriche ; cette Puissance pourroit-elle imaginer qu'une Nation dont le domaine confine à l'Orient & au Midi avec les Etats Autrichiens desquels elle a tout à craindre, qu'une Nation qui à conquis sur l'Autriche sa liberté, qui a combattu contre elle pendant deux cents ans pour la défendre, veuille risquer de retomber dans les fers qu'elle a eu le courage de briser ? pourroit-elle imaginer qu'à la haine, que l'excès de la tyrannie doit inspirer à l'opprimé contre l'oppresseur, puissent jamais succéder ce penchant, cette confiance, qui doivent être les bases d'une sincère union, & d'une solide alliance ? Pourroit-elle imaginer enfin qu'un Etat qui a été la Patrie de Guillaume Tell, puisse jamais devenir l'allié d'un Empire sur lequel règnent les descendans d'Albret d'Autriche ? Non, Messieurs, tout concourt à convaincre la France de l'attachement constant & imperturbable du Corps Helvetique, qui, tant qu'elle sera fidèle à ses engagemens, ne recherchera jamais d'autre alliance, & lui livreroit même au besoin toutes les troupes qu'elle tient à la solde des autres Puissances, s'il lui convenoit de s'en charger. J'ai des certitudes, & il seroit facile de prouver, que les Princes d'Allemagne viennent de faire tous leurs efforts pour engager les Cantons a accéder à la Ligue Germanique, & que ceux-ci ont constamment répoussé leurs instances. Le Canton de Zurich est le seul que l'incertitude des dispositions de l'Assemblée Nationale a tenu un instant dans l'indécision.

Si quelque chose pouvoit altérer la bonne harmonie qui s'est maintenue si long-temps entre les deux Nations ; si quelque chose étoit capable de refroidir, d'aliéner peut être entièrement les Suisses, ce feroit le systême immoral & pervers que les Ambassadeurs de France résidens à Soleure ont adopté depuis long-temps, & duquel ils ne se sont jamais écartés, de semer la mésintelligence entre les Cantons, la discorde dans les familles, de distribuer des dons, des pensions, des emplois aux gens de marque, de répandre de l'argent dans le Peuple, pour corrompre tous les principes républicains, pour anéantir l'égalité des familles dans les Cantons aristocratiques, & dans les Cantons démocratiques l'égalité des individus, pour s'assurer de l'appui des chefs des Régences, & des suffrages du Peuple, dans la vue de faire agréer des propositions contraires aux intérêts de la République; pour acquérir enfin par la voie odieuse de la corruption, une influence prépondérante ſur la Confédération Helvétique.

Cette manière indécente de capter la bienveillance & l'attachement d'un Peuple libre, coûte annuellement à la France environ 1,000,000, qui pourroit certainement être plus utilement employé. L'article qui comprend toutes les dépences qui y ſont relatives, eſt paſſé dans les comptes ſous la dénomination vague *des Ligues Suiſſes*. Les détails de ces comptes, ſur-tout celui des penſions ſecrettes, dont le nom ſeul annonce de blâmables machinations, mérite toute l'animadverſion de l'Aſſemblée Nationale. La République & principalement le Canton de Berne, qui eſt le plus puiſſant, ont fait d'inutiles efforts pour prévenir les troubles & les déſordres que cette pratique blâmable à tous égards, répand ſans ceſſe dans les Cantons. Il a été défendu ſous les peines les plus rigoureuſes à tous les Sujets ſans diſtinction, de recevoir des penſions ni des dons quelconques, pas même les penſions militaires données à titre de retraite. Mais les perſonnes qui acceptent ces bienfaits ſecrets, ſavent ſe dérober à la vigilance & aux perquiſitions des Magiſtrats; & ces jouiſſances obſcures, ſouvent même criminelles, demeurent enſvelies dans les ombres du myſtère. Mais les Suiſſes n'auront plus à redouter de la France libre & régénérée, les viles & baſſes intrigues qui ſemoient la diſcorde dans leurs Etats. Ces petits moyens; ces pratiques ténébreuſes adoptées avec avidité par le Deſpotiſme, ſeront rejetées avec indignation par la Liberté. L'obſcurité eſt le manteau duquel la lâcheté & la fourberie de l'un s'enveloppent ſans ceſſe; le courage & la franchiſe de l'autre ſont toujours à découvert; Médée cache ſes poiſons; Hercule montre ſa maſſue.

D'après l'expoſé que je viens d'avoir l'honneur de vous preſenter, Meſſieurs, il eſt évident que l'ambaſſade de Soleure, ſi utile, ſi lucrative pour les gens en faveur qui en ſont pourvus, ſi inutile aux intérêts de l'Etat, & dont les fonctions pourroient être parfaitement remplies par un Réſident, ou un Chargé d'affaire; il eſt évident, dis-je, que cette ambaſſade eſt une manière de fléau pour le Corps Helvétique. Je ſuis convaincu que tous les Cantons témoigneroient unanimement à notre Cour le deſir qu'ils ont d'en être affranchis, s'ils n'eſpéroient que dirigés dorénavant par les principes de juſtice, de nobleſſe & de dignité de l'Aſſemblée Nationale, les Ambaſſadeurs à Soleure, qui n'ont été juſqu'aujourd'hui que des agens de désunion & de discorde, deviendront bientôt des ministres de concorde & de paix; s'ils n'étoient rassurés sur l'avenir, par la conduite noble, sage & mesurée de l'Ambassadeur actuel, qui a déjà tenu, en plus d'une occasion, une marche différente de celle de ses prédécesseurs; s'ils n'espéroient enfin, que le Sénat auguste qui donne à présent des loix à la France, fera comprendre désormais au Pouvoir exécutif que cet Empire peut tirer de bien plus grands avantages de la Suisse réunie que de la Suisse divisée, des Suisses vertueux que des Suisses corrompus;

Que l'harmonie, & l'intelligence entre les Cantons, peuvent seules former cette masse imposante de forces, qui peut lui devenir utile au besoin;

Que la pureté des principes de sa nouvelle Constitution lui attachera bien plus étroitement les Suisses, que l'or qu'elle répand chez eux, & qui ne sert qu'à corrompre la leur;

Que deux Nations infiniment nécessaires l'une à l'autre, n'ont pas besoin d'acheter respectivement ce qui leur est impérieusement commandé par leur existence réciproque;

Qu'il est indécent à deux Peuples libres de vouloir, à prix d'argent, l'un chez l'autre, maîtriser l'opinion, usurper le crédit, enchaîner l'autorité ;

Qu'enfin les hommes dignes d'être libres, ne se vendent point, & que l'on n'achète que les esclaves.

Louis XVI à renouvelé en 1777 un traité d'alliance avec la Confédération Helvétique pour le terme de cinquante ans, un traité de subside en temps de guerre, qui, dans le cas où la France auroit été attaquée ou menacée, leur auroit donné les moyens de lever & de placer sur les frontières de cet Empire une armée pour les garantir de toute attaque. Un traité qui les auroit maintenus dans la neutralité parfaite, auroit peut-être été préférable à ce traité d'alliance, qui, quoique purement défensif, peut les compromettre avec d'autres Puissances de l'Europe. En effet, l'Empereur Joseph II ayant passé en Suisse pendant les Négociations dont cette alliance a été le résultat, en témoigna en termes très-clairs & non équivoques son mécontentement. On lui répondit *que ce traité n'étoit absolument que défensif* : il répliqua avec assez de vivacité, *que le nom ne faisoit rien à la chose.*

Notre Miniſtère preſſe aujourd'hui très-vivement le Corps Helvétique de renouveler également la dernière capitulation militaire. Il voudroit tâcher de gagner de vîteſſe l'Aſſemblée Nationale, afin de pouvoir en rédiger les articles ſuivant les principes de l'ancien régime, & donner à la faveur tous les emplois vacans, avant qu'elle puiſſe en prendre connoiſſance. Mais la République qui a vraiſemblablement pénétré l'intention des Miniſtres, ne ſe hâte pas de conclure, & paroît ne vouloir ſe décider que lorſqu'elle ſaura ſi l'Aſſemblée Nationale ſe réſerve, ou abandonne au Pouvoir exécutif le droit de la guerre, de la paix & des alliances.

Le Corps Helvétique, Meſſieurs, a aujourd'hui à la ſolde de la France une amrée fixe & permanente, complétée régulièrement par de nouvelles recrues, & qui ſert à des conditions ſtipulées daus une capitulation, qui n'eſt cependant pas uniforme pour tous les Régimens. Chacun de ces corps a dans ſes traités des clauſes particulières; bigarure abſurde & importune, qui doit être faſtidieuſe aux deux Nations.

On peut remarquer dans cette capitulation une foule d'autres vices également oppoſés aux intérêts des deux Puiſſances contractantes, & qui dans ſon renouvellement, pourroient être corrigés. Je vais tâcher de vous en donner le recenſement.

L'empreſſement que témoigne le Miniſtère de renouveler cet important contrat entre les deux Nations, pour remplir les vues que j'ai développées, eſt un motif qui doit engager l'Aſſemblée Nationale à ſe hâter de ſtatuer elle-même ſur le ſort des Troupes Helvétiques, & de ſe les attacher inviolablement en prononçant un Décret favorable au plus grand nombre. Le vœu unanime des Cantons porte ſur deux points principaux ; le traitement avantageux de leurs ſoldats & de leurs Officiers, & la conſervation de huit Compagnies de Fuſilliers par bataillon, à cauſe de la plus grande facilité qui en réſulte pour les entretenir. Si ces deux points ſont accordés, la Légation Françoiſe ne trouvera aucun obſtacle à faire agréer à la République la nouvelle compoſition & le nouveau régime que l'Aſſemblée Nationale aura décrété. On ne ſauroit ſe diſſimuler qu'il exiſte dans les Cantons ariſtocratiques de la Suiſſe, un parti qui ne croit point à la durée ni à la ſtabilité du nouvel ordre de choſes ; qui regrette l'étendue illimitée de l'autorité royale, qui eſpère même encore une autre révolution :

les

les Cantons démocratiques attendent, au contraire, la résolution de l'Assemblée relativement à la politique extérieure. Si elle l'abandonne au Pouvoir exécutif, les uns & les autres, pour plaire au Monarque, accepteront, sans balancer, des formes favorables au pouvoir arbitraire. Si elle se réserve, au contraire, la connoissance & la direction des rapports externes; si elle se détermine à consolider par un traitement avantageux l'existence des Régimens Suisses dans l'Armée Françoise, les uns & les autres suivront le cours des événemens, leur politique sera invariablement fixée par ses décisions, & ses Décrets feront taire la voix de l'aristocratie, en de-là comme en de-çà des Alpes.

Le renouvellement de la capitulation avec les Suisses pour vingt-cinq ans, seroit contradictoire avec l'article du Décret de l'Assemblée Nationale, qui attribue à chaque Législature le droit de statuer annuellement sur la force de l'Armée & l'admission des Troupes étrangères. Il faut donc que la clause de la nouvelle capitulation, relative à ce point important, laisse à la Législature la faculté de licencier les Suisses quand elle le jugera nécessaire, & aux Cantons celle de rappeler leurs Troupes quand ils le voudront : de ſorte que les vingt-cinq ans ſtipulés ne ſoient point regardés comme l'eſpace de temps déterminé, pendant lequel les Troupes Suiſſes ne pourront être ni congédiées ni rappelées, mais comme l'époque fixe juſques à laquelle rien ne pourra être changé aux conditions de leur ſervice.

Le vœu unanime de tous les Cantons eſt que les Régimens Suiſſes ſoient ſoumis au régime général de l'Armée. Le mode d'avancement par l'ancienneté & le mérite, eſt leur principal deſir. Ce mode exiſte déjà dans quelques Régimens qui ont des capitulations particulières, & il n'y a rien de ſi aiſé que de l'établir chez les autres. Il convient aux Cantons démocratiques, où l'on veut l'égalité des individus. Il eſt également de la convenance des Cantons ariſtocratiques, où l'on veut l'égalité des familles patriciennes. L'ancien mode préſente deux énormes inconvéniens : le premier, de donner au Colonel des Gardes Suiſſes, qui a l'exercice de la charge de Colonel-Général, la facilité de diſtribuer les emplois ſupérieurs des autres Régimens aux protégés qu'il a dans le ſien, & de laiſſer dans celuiti, par conféquent, le même nombre de places de faveur à remplir; double abus affligeant, défefpérant pour les autres Régimens fur-tout, où les places de Colonel font à vie, & où les autres emplois fupérieurs font la feule perfpective des Capitaines, après trente & quarante ans de fervice. Le fecond inconvénient de l'ancien régime, eft de démembrer, pour ainfi dire, le Département de la Guerre par une prérogative qui n'offre que des abus. Le Colonel-Général, ou plutôt celui qui fait fa place, travaille avec le Roi, lutte fans ceffe contre l'autorité du Miniftre pour rendre la fienne indépendante, extorque fouvent au Roi des fignatures en oppofition avec fes propres Ordonnances, & des règlemens particuliers qui n'ont que la valeur & la force qu'il leur donne. On a vu avec fcandale le Miniftre annuller un travail fait par Sa Majefté, parce qu'il étoit évidemment dérogatoire à fes plus modernes Ordonnances; & violer dans le même temps, en faveur d'un de fes protégés, des règlemens particuliers au Régiment des Gardes Suiffes, & défavantageux à tous ceux qui n'avoient pas le crédit de s'en faire excepter. C'eft ainfi que l'autorité du Roi, morcelée par tous ceux qui pouvoient parvenir à s'en attribuer une portion, en s'affoibliſſant, n'en devenoit que plus oppreſſive.

Dès que l'Aſſemblée Nationale aura englobé les Troupes Suiſſes dans ſon Décret, & les aura ſoumiſes au régime général de l'Armée, la ſuppreſſion de la charge de Colonel-Général des Suiſſes & Griſons deviendra néceſſaire. Cette charge inutile, dangereuſe, qui préſente des abus ſans nombre, & pas un ſeul avantage, ſoumet à un ſeul homme un Corps d'environ quinze mille hommes armés, qui l'année dernière ont penſé être tous réunis dans un même point : outre les Régimens Suiſſes raſſemblés au Champ-de-Mars, pluſieurs avoient reçu ordre de les joindre. Si cette réunion eût pu s'opérer ſous un Général qui leur eût été connu, & qui eût mérité leur confiance, la Révolution auroit rencontré peut-être de plus grandes difficultés. On ne peut ſe diſſimuler, je le répète, que la plupart des Chefs actuels de l'Armée Helvétique à la ſolde de la France, preſque tous Membres des Régences ariſtocratiques, regrettent l'ancien régime autant que les Nobles François : mais un Prince qui s'étoit juſqu'à cet inſtant médiocrement occupé de l'Armée étrangère qui étoit sous son commandement, ne pouvoit pas y acquérir tout-à-coup une influence personnelle. D'un autre côté, la Révolution ayant renversé tous les pouvoirs, a laissé un libre jeu à tous les intérêts. Les Officiers supérieurs ont pensé, les uns à la conservation de leurs places, les autres à celle de leurs troupes dont ils étoient propriétaires ; & il est résulté de ces diverses considérations une neutralité générale, également heureuse pour tous les intéressés & pour la chose publique Mais ce qu'un Prince n'a pas fait, un autre pourra le faire, & l'on n'aura peut-être pas toujours à y opposer l'énergie d'un grand Peuple qui a nouvellement conquis sa liberté. Si l'Assemblée Nationale daigne peser dans sa sagesse toutes ces réflexions, il n'y a pas lieu de douter qu'elle se décidera à abolir la charge de Colonel-Général. Cette suppression, infiniment nécessaire à l'Etat dans le nouvel ordre de choses, pourra affliger quelques gens en faveur, mais opérera l'avantage & le bien général de toute la Nation Helvétique. En effet, si un François est revêtu de cette importante charge, il n'est point responsable à la Diète des abus de son pouvoir ni des infractions aux capitulations ; &

cette independance expose évidemment les intérêts de la Nation. Si elle est confiée à un Suisse, le titulaire devient un Citoyen beaucoup trop grand pour de petites Républiques, un colosse dont l'énorme poids s'appesantit sur leur liberté; & l'Assemblée Nationale ne voudroit pas travailler comme l'ancien Gouvernement, à corrompre leurs principes. Cette charge, dans les mains d'un Prince, a ce double inconvénient, que le Prince en a le titre, & un Suisse en a l'exercice; & de-là naît une foule d'intolérables abus. Il est donc d'une nécessité extrême de supprimer une charge aussi inutile que dangereuse, qu'on ne peut confier sans péril, ni au National, ni à l'Etranger, & qui peut être suffisamment suppléée par la responsabilité de chaque Colonel à la Diète générale, telle qu'elle étoit établie & mise en vigueur dans le siècle dernier.

L'Assemblée Nationale doit être prévenue, au reste, que le Ministère pourroit bien intriguer auprès des Cantons, & les porter à faire quelques démarches pour la conservation de cette charge, en considération du titulaire actuel. Ce doit être pour l'Assemblée une raison de plus d'insister sur sa suppression. Il n'est pas difficile d'obtenir une pareille recommandation des Cantons aristocratiques, mais la Diète générale n'y aura certainement aucun égard, & ne consultera d'autre intérêt que celui de la Confédération.

La suppression de la charge de Colonel-Général doit naturellement entraîner celle du Bureau & des Commis qui en dépendent. Ce petit Département ne sert qu'à augmenter les dépenses de celui de la Guerre, à retarder l'exposition des demandes, & l'expédition des réponses; & les Régimens Suisses ne peuvent que gagner à l'abolition d'un établissement inutile, abusif & dispendieux.

Il a déjà été élevé à l'Assemblée Nationale une question sur l'article des franchises accordées aux Suisses. On ne sauroit nier que, dans le nouveau régime, l'exercice de ce droit feroit une monstruosité. On ne sauroit fermer l'oreille aux réclamations des Villes dont les octrois portoient sur les mêmes objets que ces franchises, & qui ont souvent demandé le déplacement des Corps auxquels elles avoient été accordées. On pourroit faire, à cet égard, un arrangement juſte & convenable, qui ſeroit de convertir ce droit en une ſomme d'argent pour chaque Régiment, mais qui y ſeroit répartie de manière que le Soldat pût y participer dans une proportion équitable. Un fait très connu doit engager l'Aſſemblée Nationale à inſiſter ſur cette condition. Lorſque, dans le Régiment des Gardes Suiſſes, les dons annuels du Roi, en ſel, & en tabac, furent convertis en argent, M. le Duc de Choiſeul qui, en réuniſſant dans les mains du Colonel toutes les maſſes, avoit diminué conſidérablement le ſort des Capitaines, prit ſur lui de leur attribuer en dédommagement le partage des ſommes repréſentatives de ces dons, inſtitués uniquement pour les Soldats. Cette diſpoſition deſpotique a été, pendant la Révolution, le motif d'une inſurrection qui a penſé entraîner la ruine du Corps, & qu'on n'a pu appaiſer qu'en remettant les choſes ſur l'ancien pied.

Après avoir parcouru ce qui a trait aux Troupes Helvétiques en général, il eſt néceſſaire de parler plus particulièrement du Régiment des Gardes Suiſſes, qui fait partie de la Maiſon

Militaire du Roi. Mais, avant d'entamer cette matière, il convient d'examiner deux questions essentielles auxquelles tient son existence.

Conservera-t-on au Roi une Maison Militaire? ou bien, toutes les Troupes de ligne & les Milices nationales garderont-elles le Roi tour-à-tour?

Rien au monde ne paroît si impolitique que d'avoir deux Armées dans le même Empire; celle de l'Etat, & celle du Prince; l'une réduite à une solde modique, à un vêtement simple, à un avancement lent & gradué, tenue sans cesse à une grande distance de sa rivale; l'autre magnifiquement payée, vêtue superbement, surchargée de décorations, accablée de grades honorifiques peu analogues à ses fonctions. Je sais que l'abolition des Corps privilégiés a été déjà décrétée par l'Assemblée Nationale; mais, si le Roi ou ses Ministres continuent de distribuer à volonté des commissions honorifiques, rien ne sera changé; & les chefs des Corps qui subsistent conservent encore cette espérance.

Le Roi des François sera-t-il gardé par des

Troupes étrangères ? aura-t-il pour ſa sûreté une Garde prétorienne ?

Telle fut la précaution de Denis-le-Tyran & de ſes ſemblables, telle fut celle des Céſars ; mais cette précaution eſt dangereuſe, ou tout au moins inutile ; elle prouve moins la confiance du Prince dans la Garde étrangère, que ſa méfiance envers la ſienne ; elle le rend odieux & ſuſpect, en lui donnant l'apparence, l'air de vouloir ſe faire un parti hors de ſa Nation, & ne le ſauve jamais lorſque ſa perte eſt réſolue. La Garde étrangère ne put préſerver Néron, quand ſes cruautés eurent fatigué le Monde ; elle fut inutile à Antonin, qui n'eut jamais beſoin que de l'amour du Peuple dont il étoit entouré ; elle ne put écarter la mort qui vint frapper au fond de ſon Palais Henri III, couvert du mépris de la Nation, & chargé de la haine publique ; elle laiſſa périr Henri IV au milieu d'un Peuple dont il étoit l'idole, & dont les deſcendans rendent encore de nos jours une eſpèce de culte à ſa mémoire. Et Louis XVI, ſe fiant à ſes vertus, & à celles de ſa Nation, n'a pas craint, n'a pas héſité, dans les momens de la fermentation la plus effrayante, de venir dans Paris seul & sans Gardes, au milieu de 400 mille Citoyens armés, recevoir cette récompense si flatteuse & si chère à son cœur, l'expression de l'amour qu'a mérité de la France entière le Restaurateur de sa libetté.

Un plan plus sage & plus constitutionnel pourroit détruire à jamais les abus qui se sont introduits dans la Maison militaire du Roi, que plusieurs personnes sont intéressées à maintenir, non par attachement à la personne de Sa Majesté, mais pour conserver une certaine étendue de pouvoir, & la disposition de plusieurs emplois importans & lucratifs.

Ce plan seroit que le Roi fût gardé concurrément ou alternativement, ainsi qu'il l'ordonneroit, par les Troupes de ligne & les Milices nationales; savoir par les Régimens qu'il plairoit à Sa Majesté d'appeler auprès de sa personne, & les Milices du lieu où Elle feroit sa résidence. Le service ordinaire de cette Garde seroit de 500 hommes de toutes armes chaque jour; les Troupes qui y seroient appelées & relevées à la volonté du Roi, n'auroient d'autres prérogatives que l'honneur de ce genre de service, & le pas sur le reste de l'Armée, tant qu'elles seroient ainsi particulièrement attachées à la personne de Sa Majesté. Cependant, attendu la cherté des vivres, & l'augmentation de toute eſpèce de dépenſe dans le lieu de la réſidence du Monarque, il ſeroit attribué à ces mêmes Troupes un ſupplément de traitement proportionné à leur ſolde ordinaire, payé par le Roi ſur ſa liſte civile, & réglé à raiſon de deux cinquièmes pour le Soldat, de trois cinquièmes pour les Bas-Officiers, & de quatre cinquièmes pour les Officiers.

Si cependant l'Aſſemblée Nationale, déterminée par d'autres motifs, vouloit conſerver au Roi une garde de ſûreté, payée par lui, uniquement attachée à ſa perſonne, entièrement ſéparée de l'Armée de ligne & de la Milice Nationale, il ſeroit difficile de ne pas continuer dans ce ſervice le Régiment des Gardes-Suiſſes, qui s'eſt toujours parfaitement bien conduit, & qui, au milieu des troubles civils par leſquels ont été déſorganiſés tous les Corps de la maiſon du Roi, a ſu ſe conſerver intact ſans choquer aucun Pouvoir.

Quel que ſoit le Décret qu'il plaira à l'Aſſemblée Nationale de prononcer ſur ce Régiment, je crois néceſſaire de donner une idée de ſa conſtitution actuelle, & des vices qui y ſont inhérens, afin que, s'il eſt conſervé, ces vices ne soient point consacrés par la continuation du même règlement qui a fixé son régime.

En 1763, M. le Duc de Choiseul, qui réunissoit aux deux Départemens de la Guerre & des Affaires Etrangères, la charge de Colonel-Général des Suisses, fit, à l'expiration de la capitulation, un nouveau règlement constitutionnel pour le Régiment des Gardes-Suisses, par lequel il retint la disposition absolue de tous les emplois importans. Les Cantons, auxquels ce réglement fut proposé du ton le plus despotique & le plus impérieux, ne voulurent point en faire une capitulation particulière, & se contentèrent d'y donner purement & simplement leur adhésion. Le Canton de Schwitz, dont toutes les délibérations se ressentent de l'énergie des premiers défenseurs de la Liberté Helvétique, outré de la morgue ministérielle qui éclatoit dans ce nouveau règlement, refusa de l'agréer, & rappela sur-le-champ ses Troupes.

Le Régiment des Gardes-Suisses ne subsiste donc que par un règlement ministériel, & non par une capitulation qui fixe le terme de son existence : de sorte qu'il pourroit être licencié à la volonté du Roi. Les principaux articles de ce règlement furent redigés par des principes despotiques ; les Compagnies ne furent plus attachées à un Canton déterminé, mais on décida qu'elles pourroient rouler entre tous, afin de donner plus d'étendue à une distribution arbitraire ; les grades militaires devinrent des bénéfices, comme les pensions que l'on répandoit en Suisse pour acheter les voix, & dominer dans tous les Sénats de la Confédération Helvétique ; il n'y eut enfin plus d'autre mode d'avancement que la corruption & la faveur. Le Régiment des Gardes Suisses est le seul Régiment d'infanterie en Europe, où l'on n'arrive pas aux compagnies de fusilliers par ancienneté, & où l'on voye les Lieutenans devenir Officiers généraux avant que leurs Capitaines soient Majors. Il en résulte une subversion des grades ridicule & révoltante, puisque de très-jeunes Capitaines commandent d'anciens Colonels à brevet, & même des Maréchaux-de-Camp. Les Compagnies de Grenadiers sont distribuées de la même manière. Cette inégalité d'avancement n'a point sa source dans l'inégalité de naissance, mais dans la faveur, & dans toutes les passions qui la déterminent. L'Article XXX du règlement porte *que les Compagnies ne seront données qu'aux Officiers qui les auront le mieux méritées.* Mais tout le monde ſait que cet article eſt une pure dériſion, & ne ſert qu'à donner aux protecteurs une latitude indéfinie. Tous les Officiers des autres Régimens Suiſſes ont été rendus ſuſceptibles d'être promus aux Compagnies de celui des Gardes, & aux autres emplois dans les Grenadiers & dans l'Et-t-Major. Sous cette dénomination d'Officie Majors, on a inſtitué un ordre d'Officiers auxquels ont été accordées pluſieurs prérogatives qui rabaiſſent d'autant les autres emplois. Les chefs ont fini par leur tranſporter toute l'autorité & le commandement, ſans diſtinction de l'ancienneté de ſervice; & ces Officiers exercent aujourd'hui toutes les fonctions de Commandant de Bataillon: étrange abus, par lequel la ſubordination ſe trouve totalement intervertie! Enfin le privilége accordé aux Colonels de nommer un Capitaine-Commandant à ſa Compagnie, a reçu une extenſion contraire au règlement. Ces Commandans ſont toujours promus de préférence aux Compagnies, pour rendre les commandemens qu'ils quittent plus ſouvent vacans, & faciliter aux protecteurs une ſucceſſion continuelle de nominations au même emploi. On voit donc que dans le Régiment des Gardes Suiſſes, un Officier peut ſervir aiſément pendant quarante ans toujours à la même place, & dévorer le dégoût d'eſſuyer tous les paſſe-droits & de voir avancer avant lui tous les protégés.

Après la démiſſion de M. le Duc de Choiſeul, ſon autorité tombée entre les mains des chefs du Régiment, a rendu les préférences infiniment plus odieuſes. Dès-lors la parenté & les alliances ont paru ſouvent les ſeuls titres d'avancement, & les compagnies ſont devenues des bénéfices héréditaires.

Pour comble de monſtruoſité, & contre l'eſprit de la Confédération Helvétique, toutes les places d'Etat-Major & d'Officier ſupérieur ont été interdites aux Proteſtans, quoiqu'aucun article du règlement ne leur en donne l'excluſion. Les chefs nourriſſent peut-être encore l'eſpoir ſecret de ſoutenir cette diſpoſition inique, au mépris des Décrets de l'Aſſemblée Nationale, & ſans autre motif que leur intérêt.

La partie des finances du Régiment fut réglée, dans le plan de M. de Choiſeul, d'une manière analogue à ſes vues ; c'eſt à dire que le chef en eut l'entière & abſolue diſpoſition.

On

On établit pour l'adminiſtration des fonds un régime obſcur & myſtérieux, également favorable au gaſpillage & à l'économie.

Le Corps des Gardes-Suiſſes, composé de quatre bataillons, & fort de 2400 hommes, coûte plus d'un million trois cents mille livres; la dépenſe de ſon Etat-Major monte à 130,000 liv., la ſomme des maſſes s'élève environ à 400,000 l., & le ſoldat, avec ſon prêt de 8 ſ. 6 d. par jour, mouroit de faim, lorſqu'au commencement de la Révolution, les Officiers obtinrent pour eux, du Colonel, un ſupplément fourni par la Caiſſe.

Le tout eſt payé au complet chaque mois, & le Commiſſaire eſt attaché au Corps; deux abus qui concourrent au même but. Les économies ſur les maſſes, le non-complet, les retenues ſur les travailleurs, les avances des emplois, ſouvent prolongées, les retenues faites aux Officiers à leur entrée dans le Corps, & à toutes les mutations de grades, ſont l'objet d'une manutention dont le chef ne rend compte qu'à la Cour. Tel eſt le régime des finances.

Quant à la formation de ce Régiment, elle

ne reſſemble à aucune formation connue ; elle n'a aucun rapport à l'ordonnance d'exercice ; de ſorte qu'il faut rompre l'ordre de formation, toutes les fois que l'on prend l'ordre de bataille. Les bataillons ſont de trois Compagnies, les Compagnies de cent ſoixante-dix hommes ; les Grenadiers n'y ſont que dans le rapport d'un dixième ; mais, en revanche, l'Etat-Major eſt compoſé de plus de quatre-vingts Officiers.

D'après cet expoſé, on concevra aiſément que les Officiers de ce Corps ont dû être excédés d'un pareil régime. Inſtruits, vers le mois d'Août dernier, que les Chefs, coaliſés avec quelques perſonnes placées à la tête des Régences les plus ariſtocratiques de la Suiſſe, s'efforçoient, au milieu même de la révolution actuelle, de faire renouveler à la hâte la capitulation ſur l'ancien pied ; ces Officiers qui préjugeoient déjà les nouveaux principes de l'Aſſemblée Nationale ſur la Conſtitution Militaire, envoyèrent à leurs Souverains reſpectifs une Adreſſe pour demander une meilleure capitulation, & les ſupplier d'attendre un Mémoire inſtructif à cet égard ; ce qui a ſuſpendu l'effet des Négociations que le Miniſtère avoit déjà entamées. Les chefs ont voulu traiter cette démarche d'insurrection, & n'ont fait que la justifier par cet absurde reproche.

Je crois avoir suffisamment démontré que la constitution actuelle du Régiment des Gardes-Suisses est vicieuse à l'excès, qu'elle est diamétralement opposée aux principes de la nouvelle Constitution Françoise, & que si l'on s'obstinoit à la conserver, elle formeroit un contraste infiniment dangereux. Rien n'est si étrange que les raisonnemens par lesquels les Chefs de ce Corps prétendent justifier sa constitution monstrueuse, & légitimer la demande qu'ils osent faire de sa conservation ; rien n'est si inconcevable que l'ignorance & la crédulité des Ministres à cet égard.

Il feroit difficile d'établir un plan de réforme détaillé, avant de savoir bien précisément sur quel pied ce Régiment sera conservé. Il paroît cependant qu'en tout état de cause, on pourroit déterminer un mode d'avancement plus régulier, en considérant toutes les Compagnies comme *non avouées;* ce qui est déjà presqu'établi, puisqu'elles sont déclarées n'appartenir à aucun Canton ; ou bien en les faisant *avouer* toutes : alors l'avancement par Canton feroit déterminé d'une manière invariable. Dans ces deux cas, les Républiques Suiſſes devroient également ſe réſerver la nomination aux premiers emplois; afin que tous les avantages du ſervice ne fuſſent pas, comme à préſent, concentrés dans deux Cantons, & preſque dans deux familles. On n'aime pas plus en Suiſſe qu'ailleurs les Corps privilégiés ; la jalouſie des autres Régimens Suiſſes, contre celui des Gardes, eſt extrême & connue ; lui-même ne peut que gagner à un grand changement qui détermineroit un mode d'avancement fixe & indépendant de la faveur, qui ſupprimeroit les places d'Officiers-Majors, & de Commandans de Compagnies, & qui donneroit ſur-tout aux Bas-Officiers l'eſpoir certain d'être portés à des grades plus élevés, & placés dans la colonne des Officiers, lorſqu'ils s'en ſeroient rendus dignes.

Le droit d'admettre les troupes Suiſſes à la ſolde de l'Etat, & d'en limiter le nombre, eſt ſans contredit une partie eſſentielle de la liberté que la Nation vient de recouvrer. L'abandon de ce droit ne pouvoit être fait au Pouvoir exécutif ſans devenir un vice de la Conſtitution. On peut aiſément s'en convaincre, en conſidérant que les

Régimens Suisses sur le pied actuel, ont au moins un tiers d'étrangers dans leur composition, & qu'un très-grand nombre de leurs Compagnies ne sont *avouées* par aucun des Etats qui forment le Corps Helvétique. Ces troupes non-*avouées* ont été levées autrefois, comme par entreprise, sans l'intervention des Républiques Suisses, & sont recrutées d'individus de toutes les Nations de l'Europe. Le Roi trouveroit aisément à lever sur le même pied 20,000 hommes, qu'il baptiseroit du nom de Suisses avec la même facilité, & qui pourroient peut-être un jour dominer dans l'armée. L'Assemblée Nationale a heureusement prévenu ce danger, par le Décret sage qui suffit pour dissiper toutes les craintes de la Nation à cet égard.

Tel est, Messieurs, l'état actuel des Troupes Helvétiques à la solde de la France. Cette discussion militaire est trop étrangère à la carrière que j'ai courue, pour que vous ayez pu vous y méprendre, & la regarder comme le fruit & le résultat de mes observations. Ces détails utiles, mais peu amusans, m'ont été fournis par des Officiers Suisses du mérite le plus distingué, qui les ont déjà depuis long-temps déposés dans les Bureaux du Ministère, & ceux je n'en ai été que le rédacteur ; je suis le Geai paré des plumes du Paon ; c'est la voix de Jacob à laquelle je n'ai fait que prêter la main d'Esaü, & cette main a peut-être promené trop long-temps votre attention sur un champ vaste, mais sec, dans lequel il m'a été impossible de faire naître quelques fleurs qui pussent vous en déguiser l'aridité.

Il ne me reste, Messieurs, qu'à jeter un coup d'œil rapide sur la République des Grisons. Cet Etat est composé de soixante trois Municipalités divisées en trois Ligues, connues sous les noms de Ligue Grise, Ligue Cadée, ou de la Maison-Dieu, & Ligue des dix Droitures. Cette République est alliée de la France ; elle est comprise dans le traité d'alliance conclu par Louis XIV, en 1663, avec les treize Cantons Suisses & leurs alliés, & renouvelé par Louis XVI en 1777 ; mais elle n'a point avec nous de capitulation particulière pour ses Troupes, qui ne sont à notre solde que par une convenance réciproque.

L'Adresse qu'un grand nombre de bons Citoyens de cette République, & deux Chefs de Ligue ont fait parvenir à l'Assemblée Nationale, du Comité Militaire de l'Assemblée Nationale ;

& la note qu'ils ont envoyée à l'Ambaſſadeur de France à Soleure, prouvent qu'ils partagent les ſentimens des Cantons Helvétiques ; qu'ils expriment le même vœu pour l'obtention d'un Décret de l'Aſſemblée Nationale, qui ſoumette leurs Troupes au régime général de l'Armée Françoiſe, & au même mode d'avancement, & pour la ſuppreſſion des penſions ſecrètes, dont le Chargé d'affaires de France auprès de la République, eſt le diſtributeur ; qu'ils forment enfin les mêmes plaintes contre la politique perverſe du Miniſtère François, qui veut dominer leur petit Etat, en y ſemant la diviſion & la diſcorde, en y diſtribuant des dons, des penſions, des emplois à ceux de ſes protégés dont il veut favoriſer l'élévation ; & en employant tous les moyens de corruption dont l'effet eſt d'altérer les principes républicains, de détruire l'égalité des individus, d'influer ſur la repréſentation nationale, de gêner les élections, & d'enchaîner la liberté de la République.

On a déjà voulu élever des doutes ſur la légalité de l'Adreſſe des Patriotes Griſons, parce qu'elle n'eſt ſignée que par les deux Chefs des Ligues Griſes & des dix Droitures, qui n'y ont pas même appoſé leurs ſignatures à titre de Chefs de Ligues, mais comme particuliers; & que celle du troisième Chef de la Ligue Cadée ne s'y trouve pas. La note des Patriotes à l'Ambassadeur de France à Soleure donne une explication de ce *déficit*, & nous apprend que ce Chef est un Membre d'une famille prépondérante, de laquelle il paroît que la République a infiniment à se plaindre. L'Adresse envoyée à l'Assemblée Nationale est revêtue d'un grand nombre de signatures, parmi lesquelles se trouvent, comme je l'ai dit, celles de deux Chefs de Ligue; elle est accompagnée d'un Décret de la Ville de Coire, Capitale de la Ligue Cadée, dans laquelle réside le Chef de cette Ligue qui a refusé sa signature, & cette ville paroît être dans les mêmes principes que les Patriotes Grisons. Au reste, rien ne prouve plus évidemment l'authenticité de cette Adresse, que l'alarme qu'elle a donnée à notre Gouvernement. On a des indices que le Ministère va se mettre en mouvement pour la faire désavouer par la République; mais quand même ce désaveu seroit obtenu de quelques personnes vendues au parti contraire, & placées, dans ce moment-ci, à la tête de la Régence, il seroit bien loin d'exprimer le vœu général. Ce désavœu, dis-je, ne seroit jamais celui des personnes qui ont ſigné l'Adreſſe, qui ont pour elles la majorité, & repréſentent la partie du Peuple la plus nombreuſe.

Je ne m'étendrai pas, Meſſieurs, ſur les rapports commerciaux de la France avec la Suiſſe; leur développement reculeroit encore les bornes de ce Diſcours, qui a peut être déja excédé celles de votre patience. Il eſt démontré par les Etats de Commerce que la balance de celui que nous faiſions en Suiſſe eſt entièrement à notre avantage; que nous devons par conſéquent le conſerver & lui donner, s'il eſt poſſible, encore plus d'étendue.

Je me bornerai à vous expoſer deux points eſſentiels qui pourroient refroidir infiniment les Républiques Helvétiques envers la France, & altérer l'attachement & l'affection qu'elles lui ont voués depuis ſi long-temps.

Les Cantons ſouffrent impatiemment les éternels prétextes, que notre Gouvernement allègue pour retarder la livraiſon des ſels de Franche-Comté & de Loraine, qu'il s'eſt engagé a leur fournir. Il eſt dû au ſeul Canton de Berne, un arrérage de 130,000 quintaux qui, à raiſon de

2 f. 6 d. la livre, font un objet de 1,625,000 liv. De pareils arrérages fon également réclamés par plusieurs autres Cantons. Quelques uns excédés de ce retardement & n'en prévoyant pas le terme, ont, à notre grand détriment, renoncé à nos Sels, & se font tournés vers ceux de Bavière & de Tirol, dont la traite est pour eux moins chère, plus prompte, & plus commode. Rien n'est plus impolitique, dans le moment de pénurie où nous sommes, que le retardement de la livraison de ce Sel, dont la vente feroit entrer, en numéraire effectif, une somme importante dans le Royaume.

Le droit énorme de quarante-cinq pour cent, que notre Gouvernement a mis sur les toiles de Suisse, cause pareillement à la Confédération Helvétique le plus grand mécontentement. Ce droit vraiment exorbitant, qui ruine son pays en écrasant ses Manufactures, fut imposé lors de l'établissement de la défunte Compagnie des Indes, par M. de Calonne, qui vouloit empêcher l'entrée des toiles suisses dans le Royaume, pour favoriser cette Compagnie, dont-il étoit le fondateur & le protecteur. La République a lieu d'espérer que l'abolition de la cause, fera cesser l'effet, & que le Gouvernement de France se relâchera de la rigueur exceſſive dont-il a uſé à ſon égard.

Les loix de la politique n'impoſent-elles pas à la France des ménagemens réciproques envers une Nation avec laquelle elle fait un commerce dont la balance eſt entièrement en ſa faveur? Les traités entre les Peuples ne doivent être que des équitations ; ſans quoi ils ne peuvent être de longue durée.

Tels ſont, Meſſieurs, les objets deſquels j'ai cru qu'il étoit indiſpenſable & preſſant de vous entretenir. Leur importance, leur muliplicité, leur urgence, peuvent ſeules obtenir grace de vous, pour la prolixité indiſcrète de ce diſcours. Je me réſume, & je conclus que l'Aſſemblée Nationale doit être ſuppliée :

Premièrement, de requérir le Pouvoir exécutif de ſuſpendre le renouvellement de la capitulation avec les Cantons Helvétiques, juſqu'à ce que l'ordre des matières dont elle s'occupe, lui permette d'en prendre connoiſſance ;

Secondement, de rendre, en attendant le renouvellement de la capitulation, un Décret proviſoire qui ſoumette les Troupes Suiſſes & Griſonnes qui ſont à la ſolde de la France, au régime général, & au mode d'avancement qu'elle décrétera pour l'Armée Françoiſe;

Troiſièmement, de ſupprimer à jamais la charge de Colonel-Général des Suiſſes & Griſons, & le Département qui y eſt attaché;

Quatrièmement, de requérir le Pouvoir exécutif de ſuſpendre toutes nominations aux emplois dans les Régimens Suiſſes, juſqu'à ce qu'il ait été par elle définitivement ſtatué ſur le ſort des Troupes Helvétiques;

Cinquièmement, de requérir le Pouvoir exécutif de ne plus entretenir aucun Agent auprès des Ligues Griſonnes, & de réunir cette miſſion à celle de ſon Ambaſſadeur, Réſident, ou Chargé d'affaires auprès des Cantons Helvétiques.

Sixièmement, de requérir le Pouvoir exécutif de ſupprimer pour toujours les dons, les gratifications, les penſions qu'il faiſoit diſtribuer dans les Etats de la Confédération Helvétique & de la République des Griſons; de déclarer qu'elle n'admettra point dans les comptes compris ſous la dénomination vague des *Ligues Suiſ-*

ses, les articles qui ne pourront pas êtes publiquement avoués; & de laisser au Pouvoir exécutif & au Département des Affaires Étrangères les mêmes sommes, pour être employées à assurer le succès de ses négociations d'une manière conforme aux principes & aux Décrets de l'Assemblée;

Septièmement, d'ordonner que les arrérages du sel de Lorraine & de Franche-Comté, dûs aux Cantons Suisses, leur soient incessamment livrés; pour faire entrer par cette vente dans le Royaume une somme de numéraire effectif qui peut être considéré, dans le moment présent, comme un secours de quelqu'importance;

Huitièmement, de prendre en considération le droit, vraiment excessif, de quarante-cinq pour cent, imposé sur l'entrée des toiles de Suisse dans le Royaume, & d'examiner, dans sa sagesse, s'il ne conviendroit pas de le réduire. L'énormité impolitique de cette imposition est un aiguillon qui réveille sans cesse la cupidité des contrebandiers, excite leur émulation, redouble les efforts de leur industrie, &, par l'appât éblouissant qu'elle offre à la contrebande, peut rendre illusoire la faveur apparente que nous présente la balance de notre Commerce avec les Cantons.

www.ingramcontent.com/pod-product-compliance
Lightning Source LLC
LaVergne TN
LVHW021716230826
846091LV00006BA/2196

9782014090840